イスラム芸術の幾何学

天上の図形を描く

ダウド・サットン 著

武井 摩利 訳

無限の善なる、慈悲あまねき神の名によりて

本書を、深い敬愛と哀悼の意をこめて、故マーティン・リングス博士に捧げる。

イスラム幾何学への扉を開き、つねに刺激を与え続けて下さったキース・クリッチロウ教授、ご教示とご支援を賜ったポール・マーチャント氏、長年にわたって洞察と導きを下さったファーリッド・グヴェルヌール氏には、特に深謝の意を表したい。

また、本書の最初の草稿作りを手伝ってくれたデイヴィッド・アプソープ氏、この頁の上と13頁のカリグラフィーを書いてくれたアフメッド・ファレス氏、著者を支え助けてくれたカイロのチームと友人たちと家族にも感謝している。

本書を読んだ後さらに同じ分野について知りたい方には、
Keith Critchlow, *Islamic Patterns,* Thames & Hudson が特にお薦めである。
また、以下の本も参考になる。
Paul Marchant, *Unity in Pattern*,
J. Burgoin, *Arabic Geometrical Pattern and Design*,
Martin Lings, *Splendours of Qur'an Calligraphy and Illumination*,
Jean-Marc Castéra, *Decorative Art in Morocco*.

もくじ

アルハンブラ、コマレス宮の中庭。オーウェン・ジョーンズ作の版画。19世紀。

はじめに

宗教美術の役割は、その場を訪れた人々の霊的生活を支え、世界をどう理解すればよいか、世界の背後にある捉えにくい現実をどう把握すればよいかを教えることにある。伝統を担う職人たちは、いかにして物質を使って霊的世界を表現するかという課題に立ち向かう。世界中の壮麗な寺院、教会、モスクは、ただその目的のために傾注された努力の遺産であり、どれもそれぞれの宗教の霊的視点によって形づくられている。

イスラム世界の美術工芸は、その長い歴史を通じて、さまざまな媒体で多彩な様式を発展させてきた。しかしそこには常に、一目でイスラム美術とわかる統一要素があった。統一性と多様性の関係を明示的に追求した美術様式が、一貫性を持つと同時に多彩でもあるのは驚くにはあたらないだろう。その中心にあるのが"調和"である。

イスラムのデザインの視覚構造には、キーとなるふたつの面がある。アラビア文字のカリグラフィー——世界の優れた書字伝統のひとつ——と、抽象的な装飾模様——多彩でありながら驚くほどの統合性を持つ視覚言語——である。純粋な装飾芸術としての後者には、さらにふたつの中核要素がある。ひとつは幾何学パターンで、平面を調和のとれたシンメトリカルな図形に分割し、複雑に織り合わさったデザインを作り出して、無限性やあまねく存在する中心といった概念をあらわす。もうひとつは理想化された植物模様、つまりアラベスク、唐草、葉、蕾、花などであり、有機的な生命やリズムを体現する。本書ではイスラムの幾何学パターンに焦点を合わせ、その構造と意味を説き明かしていく。

最初の出発点

「一」からの展開

点をひとつ思い浮かべてほしい。空間の中の、次元のない位置である。点を拡張すると線が定義される(下図左端)。この線を最初の点のまわりで回転させると、円ができる。円は最初の、そして最もシンプルな平面幾何学図形で、「一」「単一性」「唯一性」の完璧なシンボルである。この円の円周上の1点を中心とし、円の中心を通る第2の円を描く。できた交点を中心にして順々に次の円を描くと、中央の円のまわりに6個の円が描かれる。クルアーン(コーラン)に記された天地創造の6日間の理想表現である。この美しくもシンプルな構造は無限に拡げていくことができ(右頁)、平面を充填する正六角形のタイリングを作り出す。

正六角形の各辺の中点をひとつおきに結ぶと、正三角形2個からなる六芒星ができる(右頁右上)。これはイスラム世界では「ソロモンの印章」と呼ばれ、ソロモン王がこの印章付き指輪を使ってジン(精霊)を使役したとされる。外枠だけの星形にして並べると、星と六角形のパターンが生まれる。

右頁の下の部分は、カイロ(エジプト)のイブン=トゥールーン・モスク(西暦879年)の石膏に彫られたパターンである。パターンの枠線は織り目のように行き交う帯でできており、交差部分は上下に重なっているように見える。帯で囲まれた空間はアラベスク・モチーフで埋められている。

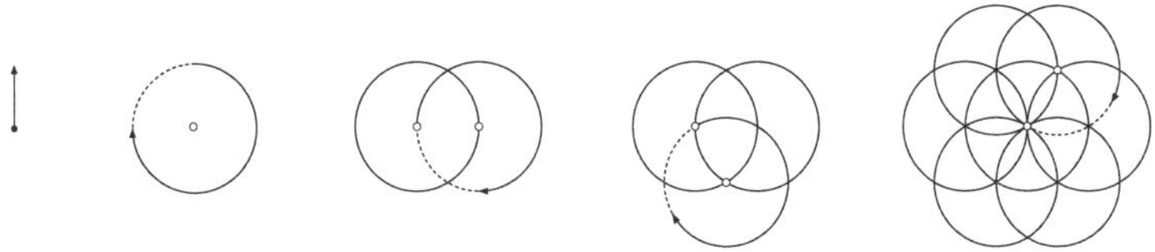

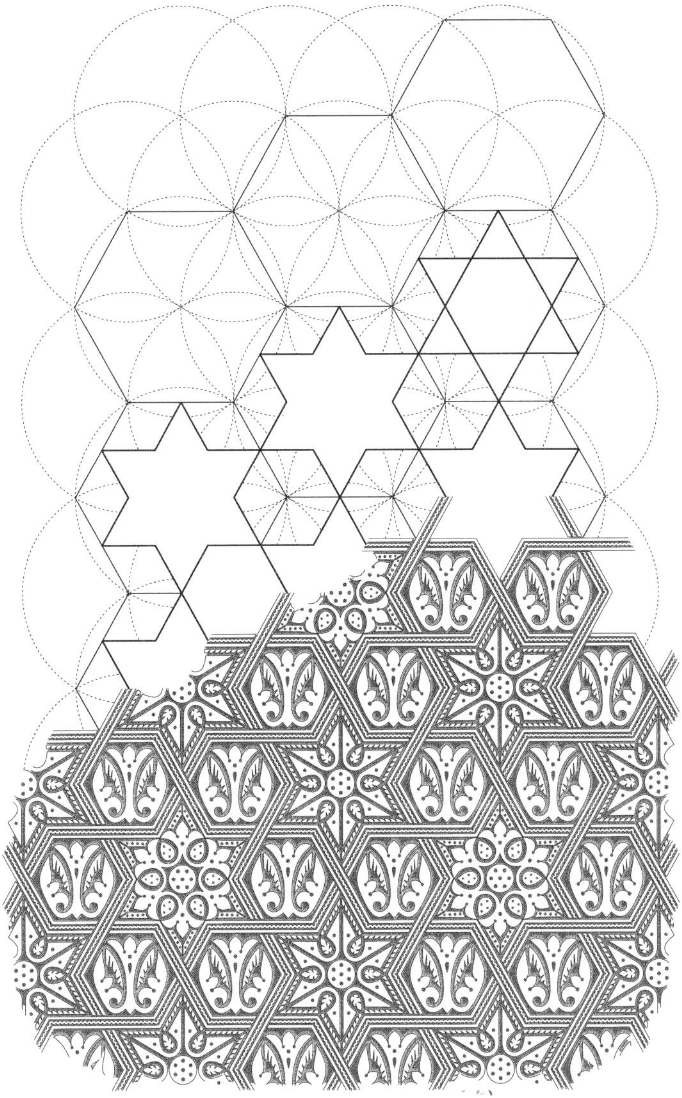

6から作られる6

基本の話をもう少し

イスラム世界では、幾何学構造を作り出すのにさまざまな技法が行われてきた。コンパスと直定規という基本的な道具に加えて、三角定規、型紙、方眼(グリッド)などの実用的な補助具も使われた。本書に載せたパターンの大部分はコンパスと直定規だけを使って描かれており、読者にパターンの基本になる幾何学的土台がわかるようにしてある。

単純なパターンであっても、何通りにも応用ができる。右頁では、3頁で紹介した星と六角形のパターンを発展させて2つのバリエーションを作っている。並ぶパターンの交点は必ず六角形のサブグリッド(円から副次的に作られてパターンの骨格となる格子)の各辺の中点にある。2つの例の違いは、星形を膨張させて太った星にするか、瘠せさせて角が鋭い星にするかである。どちらの例でも星のまわりに相似形の等辺六角形ができているが、両方のパターンを見比べたときに受ける印象は全然異なる。

下の図も、単純なパターンから複雑なパターンへの展開例である。やはり星と六角形のデザインからスタートし、一部の星の尖った部分4ヵ所を切り落としてひし形にする(中央)。そして小さい六角形を消していくと、個別の図形の集まりとも大きな六角形が互いに重なり合った図形とも見えるパターンが現れてくる(右)。

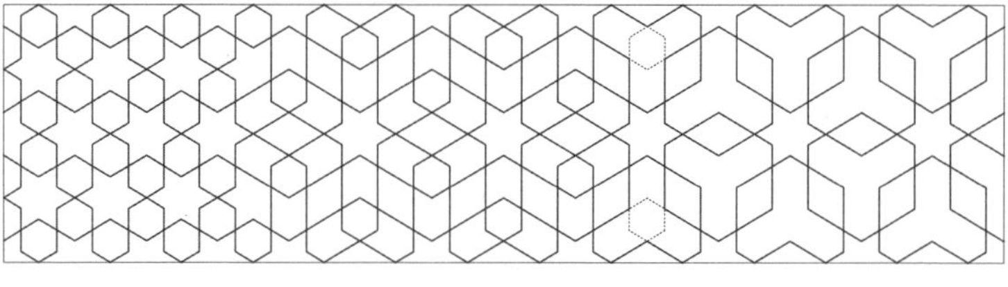

1個の円を囲む6個の円からスタートし、外側の円の交点を中心にしてさらに6個の円を描く。

丸印の点を結ぶと正六角形（薄く白いアミがかかっている）ができ、反復パターンの骨格格子（サブグリッド）となる。

サブグリッドを利用すると、基本となる星と六角形のパターンが描ける。

サブグリッドの頂点を使うと、異なるパターンができる。これを反復したものが下図。

小さい丸印をつけた点を結ぶと、小さい円が定義される。

できた頂点を使って、また別のパターンを作ることができる。これを反復したものが下図。

サブグリッドの変形

無限を枠で切り取る

5頁の幾何学構造からは、正三角形と正方形と正六角形からなる半正則タイリングも定義される(右頁左上)。これを反復させると(同·右上)、それ自体が六角形の正則タイリング(破線で示した)になっているのがわかる。〔正則タイリングは1種類の正多角形で平面を充塡することで、半正則は複数の正多角形を使って頂点形状が一様になるように並べて充塡すること。〕

このパターンの中で、正三角形の各辺を外側へつまみ上げるように引っ張って六角形に変形させ、その際に正方形を侵食した部分は、同じ形を正方形の残りの2辺に足す。正三角形だったものが5頁の図にあるのと同じ等辺六角形になったとき、重なり合った正十二角形からなる美しいパターンができる(右頁中段左)。さらに進めて最初に正三角形だった部分が正六角形になったとき、よく目にするもうひとつのパターン(同·右)が現れる。

反復パターンは理論的には無限に続けられるが、実際に使う場合、イスラムのパターンは一般に長方形にトリミングされ、四隅にキーとなるユニットの中心(星形であることが多い)がくる(右頁下段)。パターンをこのようにフレーミングする(枠で切り取る)と、幾何学的な優美さはそのまま保たれ、同時にこのパターンは枠を越えて無限に繰り返し可能であることを暗示できる。無限という概念について、ひいては無限なる神について、見る人に考えさせるためにこれ以上優れた視覚的手法はない。嘘やごまかしなしで、不可思議な概念を視覚によって真に捉えることができる。

通常このフレーミングは中心のピースを1個含んでおり、従って長方形内のピースの総数は奇数になる。奇数は伝統的に「神の唯一性」を想起させる数であり、また神に愛される数である。

ギブ・アンド・テイク

慈悲深き神の呼吸

水平線上の円からスタートする。線と円の2ヵ所の交点を中心として、最初の円の直径の長さを半径とする弧を2本描くと、その交点によって垂直線が定義される（下図左端）。垂直線と最初の円の交点を使ってさきほどと同じ作業をすると、斜めの線が2本定義され、その線上の点を中心にして、最初の円と等しい大きさの円を4個描くことができる。そこにさらに4個の円を描き足すと、1つの円のまわりに8個の円ができる。3頁のパターンと同様に、この円によるマトリックスを無限に続けてタイリングのパターン（ただし今度のは正方配置）を作ることができる（右頁）。

水平方向に置かれた正方形と斜め向きの正方形を組み合わせると、8個の尖端を持つ星形ができる（右頁右上）。正三角形2つを組み合わせた六芒星と同じく、これも「ソロモンの印章」と呼ばれる（伝説はひとつではなく、いくつかあるのだ）。この形は、非常に多彩なパターン・ファミリーの出発点となる（26頁）。この形をすべての正方形内で反復させると、基本的な星と十字のパターンが生まれる（右頁下）。

このパターンはまた、斜めの正方形を敷き詰めたタイリングとして捉えることも可能である。斜めの正方形のうち半数で辺の中央部分を出っ張らせ、それと接する正方形ではそのぶんへこませたと考えるのである。このため、近年これは「慈悲深き神の呼吸」とも呼ばれている。この表現は、創造の源として火・空気・水・土の四大元素の可能性を発現させるのは神の呼吸であると説くイスラムの偉大な思想家イブン・アル＝アラビーの教えに由来する。

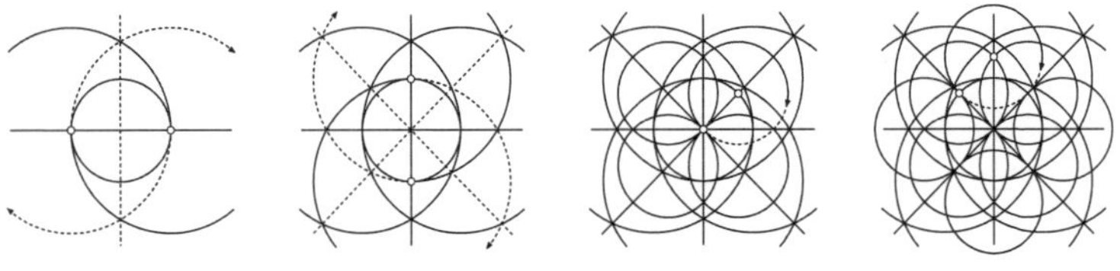

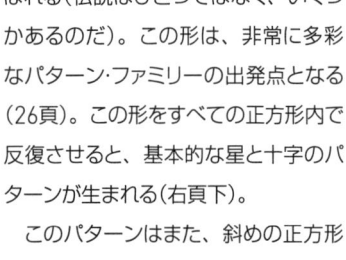

8回対称のロゼット

構成原理の例をいくつか

イスラムの幾何学パターンでは、はっきりとした幾何学的ロゼット、つまり中央の星のまわりに花弁形を放射状に配して花形の結晶のようにした図案がよく見られる。このようなロゼット・パターンは、星形モチーフのネットワークとして捉えることも可能である。その場合、"花弁"だった部分は背景の空白となる。ここに載せたのは8回対称ロゼットで、木工細工パネルふうの様式で描いてある〔8回対称とは、360度回転させる間にもとの形と8回重なる回転対称図形〕。

このパターンの構成のしかたを2通り紹介する。下図は方眼を利用した単純な方法である。円と対角線によって大きな正八角形を定義し、花弁の幅が外側の正方形の4分の1になるように分割線を引いて幾何学的ロゼットを描く。右頁上は別の方法で、外側の正方形の辺に接して五芒星を半分にした形が2個できて、それらはすべて同じ円の円周上に乗っている。この星が六角形の花弁の4本の短い辺(長さはいずれも同じ)になる。特に木工細工でよく使われる巧妙で繊細な技巧である。

右頁のそれ以外のパターンは、シンプルなロゼットをアレンジして作った例で、新しい形が生まれている。反復するユニットの形は必ずしも正方形に限定されておらず、縦横の比を入念に計算した長方形も使われる。

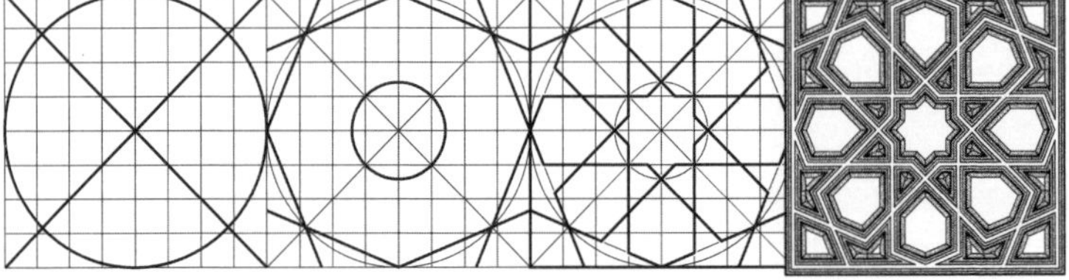

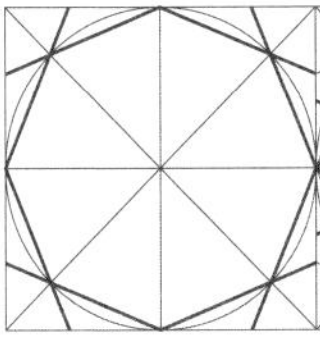

正方形を4分割し、内接円と対角線を描いて、八角形を定義する。

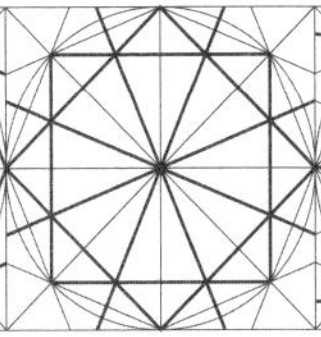

円の中に、正方形を2つ重ねた八芒星を書き加えると、放射状に16分割できる。

外側の正方形と16分割線の交点を中心にして、上図のように弧を描く。

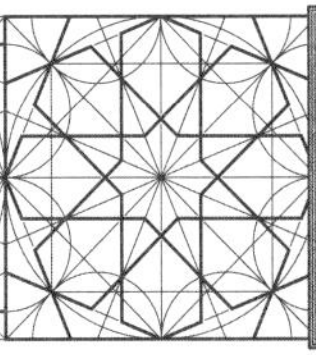

弧が放射状の線と交わる点により、ロゼットの花弁と中央の星が定義される。

反復の元になるユニットができる。木工細工パネルのように描いてある。

横と縦の比が $1:\sqrt{2}$ の長方形を用いたバリエーション。

上の形を16分の1回転させ、一回り大きい正方形にはめ込んだもの。

花弁形と小ぶりな八角形を使った、変わったバリエーション。

小ぶりな八角形と8回対称ロゼットをバランス良く配置した大きなデザイン。

左図のパターンの中央部分を縦に切り取って横方向へ反復させたもの。

カリグラフィー

均整が命のアルファベット

クルアーンは、文字通りには「詠まれるもの」を意味する。この聖典は最初は暗記されていたからである。しかしやがて、その言葉を文字で記録する必要が生じた。そのため、書字士たちは何世代にもわたって、聖典の内容にふさわしいアラビア文字の書き方を編み出すことに情熱を傾けた。

最初に使われた真のクルアーン用書体(西暦9世紀頃)はクーフィー体で、その名は現在のイラクにある都市クーファにちなむ。クーフィー体は主に水平な動きを中心とし、威厳をたたえた風情で尊厳や厳粛さを感じさせる(下)。多くの装飾書体がクーフィー体から派生しており(58頁)、長く使われ続けた。

こんにちのアラビア文字カリグラフィーで最もよく使われているのは、何種類かの草書体である。洗練された草書体の源には、イブン·ムクラ(940年没)が生み出したすばらしい文字バランス配分システムがある。それまでの草書体は、荘重なクーフィー体に比べて目立たない存在だった。イブン·ムクラのシステムでは、書き文字の形を決める上で幾何学の基本的出発点が大きな役目を果たしている。どの文字も、円やその直径、そして葦のペンで記されたヌクタの大きさと比べた時の比率を考慮して形が定められている(ヌクタとはアラビア文字の識別のために付される点で、右頁の図では小さい菱形で記されている)。アラビア文字の中で最初の、そして最も基本的な字はアリフで、円の中にエレガントな縦の線として書かれる(右頁中央の大きな円内)。アリフの長さ比率を決めるためのシステムは他にも複数あり、他のシステムでは縦に間隔をあけて並べた6個、7個、8個のヌクタが使われる。

يقول ابن مقلة في رسالته
رسالة في علم الخط والقلم
يقول الآثاري
يقول ابن مقلة ان الراء ربع دائرة
ليكون الطول مثل العرض
لا يخرج عن طرفيها
النسبة ولا يحتاج في
هذا الطريق والمسلك يوصلك
الياء على مثال النون نصف دائرة .
وضعت في الخط طمس دوائراً على الأصول تحتوي
على الأصول تحتوي كما ترى فالخليل السبق في
اللفظية وبعده دوائري الخطية

アラベスク

楽園の庭

アラベスク(ペルシャ語ではイスリーミーという)のデザインは、幾何学パターンを補完する。アラベスクの目的は植物界をあるがままに描写することではなく、植物のリズムや生長のエッセンスを視覚的に抽出し、原型(アーキタイプ)としての“楽園の庭”を想起させることにある。アラベスクの様式は、地域や時代によってさまざまな違いが見られ、右頁に載せた例のはそのほんの一部でしかない。

渦巻は原初的かつ普遍的なシンボルで、生命およびそのサイクルと深く結びついている。天地創造の際の膨張と収縮の渦巻くプロセスを体現する渦巻は、イスラムのデザインにおいて多くのアラベスク·モチーフの基本になっている。下図のようなデザインは、よくクルアーンのテキストの背後、帯状装飾模様、彩飾書物の表紙などに使われている。文字とともに使われる場合、アラベスクの蔓は文字の後ろ側を通って連続し、葉や花は空いたスペースを埋める。

渦巻は世界各地で太陽と関連付けられ、また1年の中での太陽の周期とも結びついている。太陽は冬至を境として再生し、巻かれたものがほどけるように空の軌道を延ばしていき、昼夜の釣り合った春分を過ぎ、夏至に至って天における航路を最長とし、そして真冬の“死”へと巻き戻されていく。

大理石に浮彫りされた9世紀のアラベスク模様。チュニジアのケルアン(カイルワン)の大モスク。

反復アラベスクのデザイン。アルハンブラ宮殿の石膏彫刻。典型的なマグリブ様式。

オスマン·アラベスク。イズニク(トルコ)の染め付けタイルより。実物は鮮やかな紺青、ターコイズブルー、緑、赤。

カイロにある非常に幾何学的なアラベスク。36頁のパターンを木工細工したもの。

6と12

もしくは1ダースとその半分

基本となる星と正六角形のパターン(下図左端)からスタートし、星を12分の1回転させる(同・中央)。星の尖端の線を延長して小さな三角形を作ると、12回対称の星形という基本パターンができる(同・右端)。

右頁は、正十二角形、正六角形、正方形で構成される半正則タイリングに基づいたパターンの生成例である。サブグリッドの中に、六角形の各辺の中点に星の尖端部(角度60度)がくるようにして星形が作られる。下図と同様に、この6回対称の星2個をずらして重ねると12個の尖端を持つ星ができる。

イスラムのパターンでは星の尖端部同士の接点はしばしば上下に重なって交差する帯としてデザイン化される(右頁下)。ペルシャでは幾何学パターンはギリーと呼ばれるが、「ギリー」の文字通りの意味は「結び目」で、織物を想起させるほか、結び目や組紐などが持つ護符的な力も連想させる。帯が交差するパターンは、裏返しても鏡映対称にならない。裏表を反転させると、「上」だったところがすべて「下」となり、「下」だったものは「上」になる。

世界中の宗教やスピリチュアルの伝統はどれも、われわれが見ているこの世界の下には、目に見えず捉えることも難しいが意味にあふれた秩序があって、この世界を支えていると説く。それと同様に、右頁の例のようなパターンにおいて、サブグリッドとその背後の円はさまざまな装飾要素によって最終的に出来上がるデザインからは隠されてしまい、かすかに知覚できるのみである。

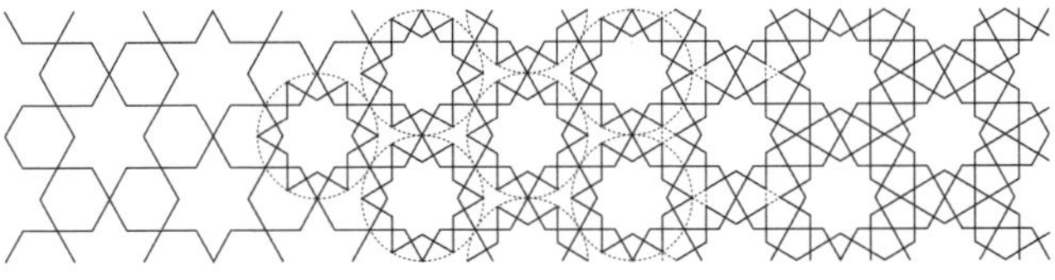

4×3

もしくは3×4

イーサー（イエス・キリスト）の弟子の人数からヒジュラ暦（イスラムの太陰暦）での1年の月の数まで、12はイスラムでも多くのことと連想でつながっている。12は最初の過剰数、つまり、その数自身を除くすべての約数の和がその数自身よりも大きくなる整数である（1＋2＋3＋4＋6＝16）。これらの約数はどれも、六角形あるいは正方形の反復システムの中に登場する。そのため、12回対称のモチーフはパターンを作成する際に特に使い勝手がよい。

右頁の図は17頁のパターンと同じ仲間で、正十二角形と正三角形の半正則タイリングから基本となる12回対称の星形が作られていく（右頁上段）。最後にできたパターンは、重なり合う大きな正六角形とその間を縫い合わせるジグザグとして捉えることもできる。

正十二角形の辺同士が接するように正方配列で並べると、右頁2段目のサブグリッドができる。このサブグリッドから生まれる星形パターンは、重なり合う八角形とその間をつなぎ合わせる小径のようにも見える。

2段目中央のサブグリッドには、正方形の四辺に正三角形を付けた形が見える。三角配列した正十二角形のまわりにこの形を並べていくと、3段目のサブグリッドができる。残ったスペースは、5頁のものと同じ、3回対称の等辺六角形である（下図の右から2番目）。

右頁3段目のサブグリッドを正方配列にアレンジすると、4段目のサブグリッドができる。そこに星形を描き加えると、繊細で洗練されたパターンが生み出せる。3段目と4段目のパターンを眺める際には、12個の尖端を持つ星のまわりを囲む十二角形の小径をよく観察してほしい。

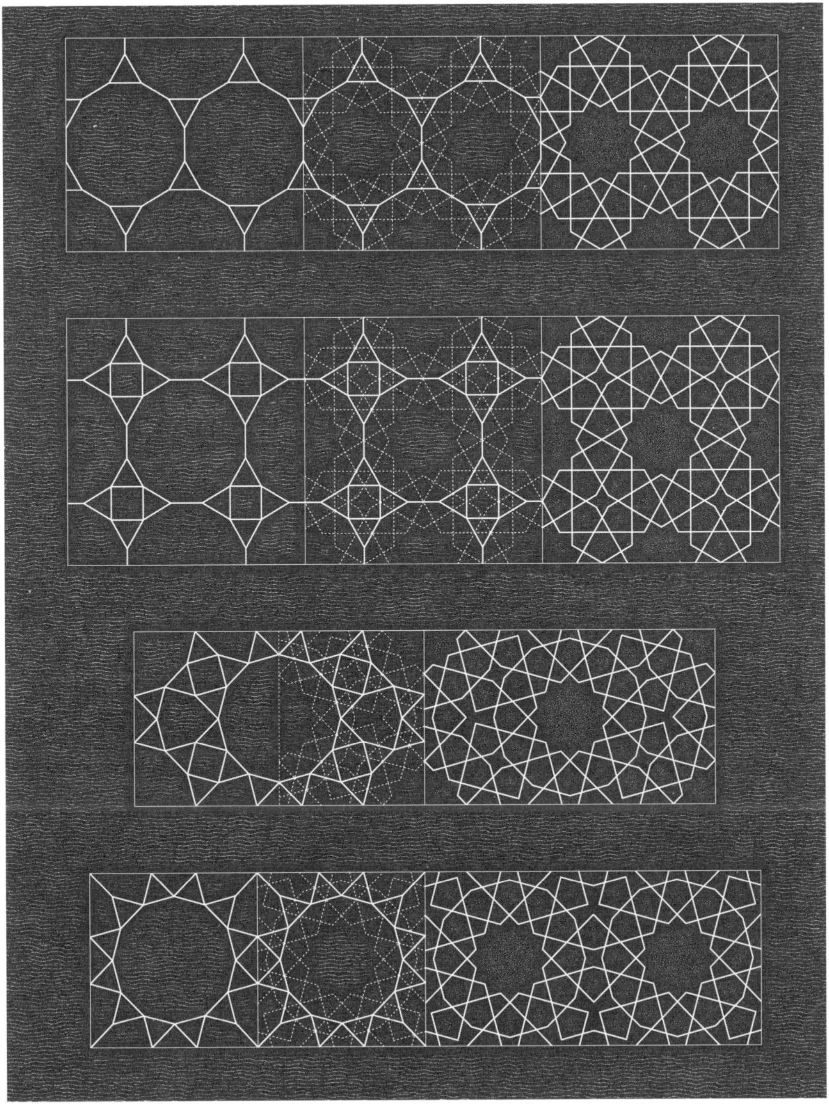

もうすこし12について

ロゼットの例をいくつか

12回対称のモチーフと正方形・六角形の反復構造の相互作用から生まれるパターンは、これまでに挙げた例だけではもちろんない。右頁は、ダマスカスのキリスト教地区のとある扉のパターンと、それをもとにしてポール・マーチャントが作ったバリエーションである。

両者の背後に隠れている構造は、この頁の下の図でおわかりいただけるだろう。3つの正方形をずらして重ねた12回対称の星を、四角い格子に従って並べるか（左）、三角に配置するか（右）が違っている。破線は、どの部分で切り取ると右頁上段の図版になるかを示す。注意深い幾何学者なら、正方形の角の点（右頁上段の図の黒い小さな丸）が定義する線によって、フルパターンを展開するのに必要な点（同・白い丸）の位置が求められることに気付くだろう。これらの線の延長から、ロゼット内中央の星の大きさの比率も決まる。

ロゼットの中の星の大きさは、パターンとは無関係に決めることもできる。右頁中段では3種類のロゼット構造を並べてそれを示している。どれも正十二角形の中に正六角形2つを内接させて放射線を加えた形からスタートする。黒い丸は最初の構造のキーポイント、灰色の丸は中継に必要な点、白い丸は星の大きさを最終的に決める点である。

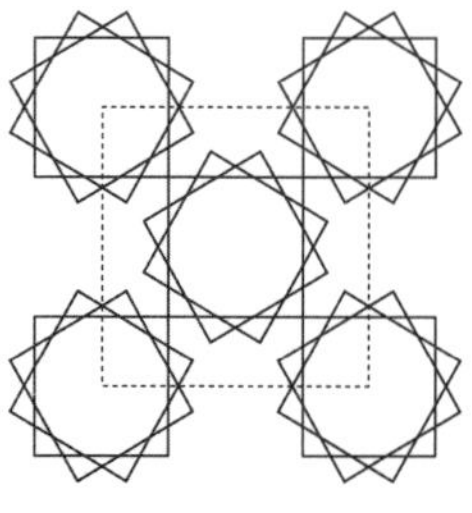

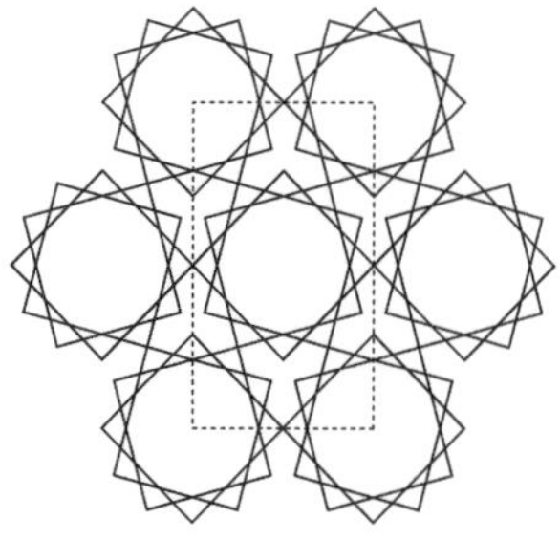

上はもとになったダマスカスのパターンで、正方配列。右は三角配列にしたバリエーション。

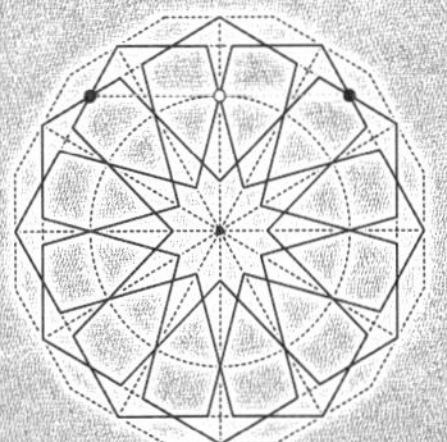

上と同じロゼット。外側の構造から星の大きさが決まる。

花弁形部分の短い4辺を等しい長さにして作ったロゼット。

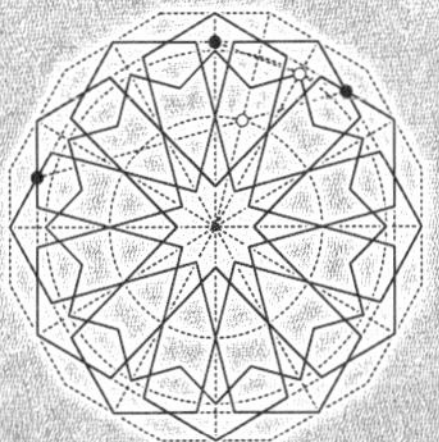

花弁の幅を狭くし、調和する星形をもうひとつ加えたもの。

上で図解した3種類のロゼットと、もうひとつ別のバリエーションを、アルハンブラの正方配列枠組みを使って並べたもの。

3回対称図形の並べ換え

マトリックスから生まれる倍数

ここまで見てきたパターンのほとんどは、正六角形または正方形の格子に従って反復配置されていた。下図は、正六角形格子のより体系的な図解である。正六角形の中心同士を結ぶと、正三角形の正則タイリングになる。この両方の格子は、元が同じで現れ方が違う二重性を持っている。正六角形で反復可能なパターンは、正三角形でも反復することができる。

正六角形反復パターン全体を定義するために必要な最小単位部分は、下の図の灰色の（または白い）三角形である。三角形の3辺の長さの比が1:$\sqrt{3}$:2（$\sqrt{3}$はおよそ1.732）であるため、この構造は$\sqrt{3}$システムと呼ばれることもある。この三角形1個を回転、鏡映（反転）、並進（平行移動）させれば、パターン全体を作ることができる。伝統的なデザイン法のひとつでは、こうした三角形の型紙を作り、それを上で述べた3種類のシンメトリー運動で動かすことでパターンを形づくる。

反復配置された3個の正六角形が出合う点では、その周囲が3の倍数回の回転対称（3回対称や6回対称）になっている。6個の正三角形が出合う点は、6の倍数の回転対称形である（右頁左上）。これらの倍数は、それぞれのキーポイントによって異なる数を生み出す。右頁のパターンはどれも見た目が違うが、その下に隠れているサブグリッドは同じ構造である。

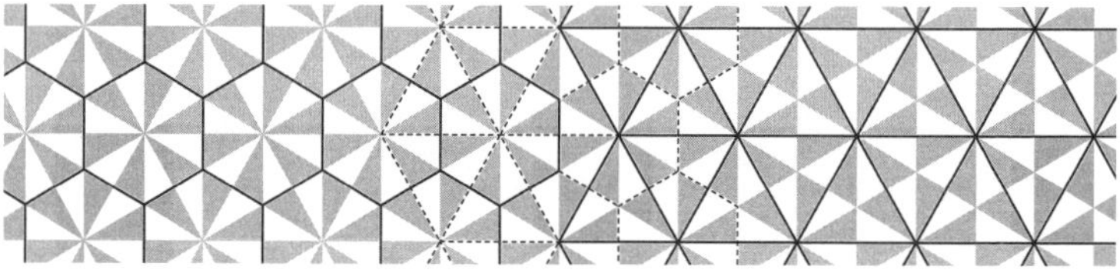

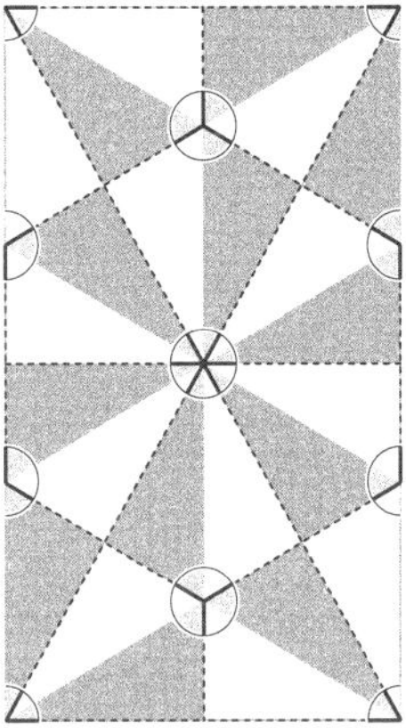

「正六角形１個と正六角形の４分の１が４個」あるいは「正三角形２個と正三角形の半分が４個」でできた区画。長方形の辺の長さの比は$1:\sqrt{3}$。

幅広の帯を使ったセルジューク朝時代のデザイン。キーポイントには3回対称と6回対称の図形（三角形と六芒星）がある。

3回対称の等辺六角形を伴う12回対称のロゼット。花弁形はロゼットの中のものも外のものも同形。

マグリブ（アフリカ北西部）のパターン。17頁上段の半正則格子を基本とし、キーポイントには12回対称と6回対称の図形がある。

マムルーク朝時代の洒落たデザイン。3回対称キーポイント（左上の図参照）には9回対称（3×3）の図形があり、他のポイントには6回対称図形がある。

15回対称（3×5）と12回対称（6×2）を組み合わせたパターン。9回対称と12回対称の組み合わせは本書カバーを参照。

4回対称図形の並べ換え

四角形の中の4回対称

正則タイリングで並べた正方形の中心同士を結ぶと、新たな正方形タイリングができる。この正方形の格子は、互いに双子のような対をなしている。正方形の反復パターン全体に必要な最小単位部分は、下の図の灰色の(または白い)三角形である。　三角形の3辺の長さの比が1:1:$\sqrt{2}$($\sqrt{2}$はおよそ1.414)であるため、この構造は$\sqrt{2}$システムと呼ばれることもある。六角形システムの時と同様に、この最小単位部分を回転、鏡映、並進させればパターン全体を作ることができる。

この最小単位三角形2個の斜辺同士が接するように組み合わせると、正方形ができる。正方形があまりにたくさん並んでいると、2つの同種格子が見分けにくかったり、正方形反復パターンのなかで最小の三角形を認識しにくいこともある。そのうえ、パターンを構成するピースのサイズも反復のしかたによってさまざまに異なる。それでも、少し練習を積めばこの構造の理解と識別は簡単にできるようになる。

正方形配列パターンでは、4個の正方形が接する場所は4の倍数回の回転対称(4回対称、8回対称など)になる。しかし、下の図のような2通りの格子が考えられるため、異なる倍数の組み合わせも可能である(右頁左上)。右頁のパターンはそれぞれ見た目が違うが、その下に隠れているサブグリッドでいえば同じ構造になっている。

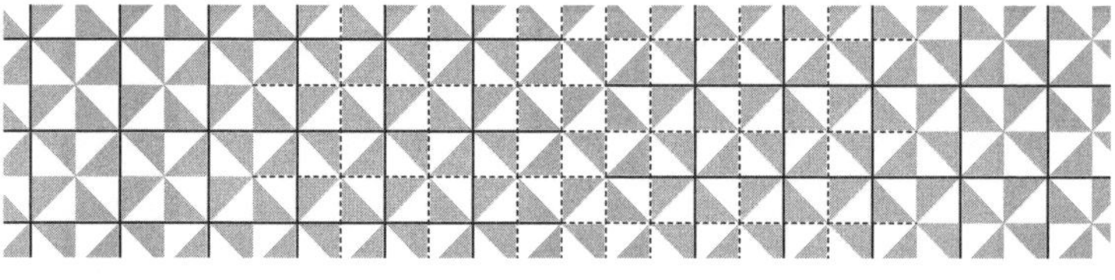

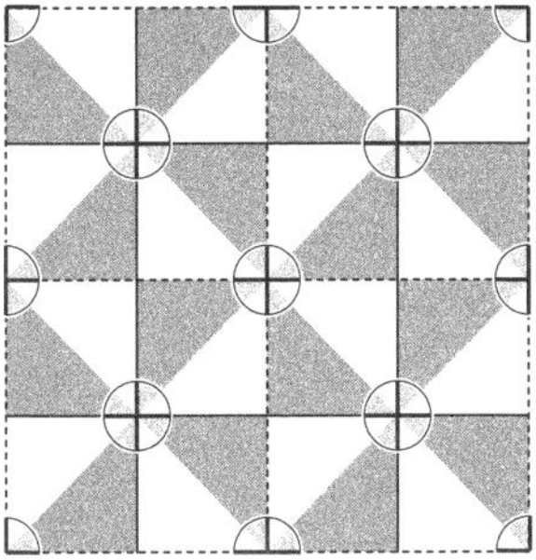

実線の正方形格子と破線の正方形格子の二重格子。キーポイント（丸で囲った部分）は4回対称。

11頁のパターンと同系の図案。8回対称（4×2）と4回対称が見える。

キーポイントに8回対称と4回対称を配し、6回対称も組み合わせたエレガントなパターン。

基本パターンを正方配列で並べたバージョン。12回対称と4回対称が見える。

12回対称と8回対称。花弁形は23頁右上と同形。

キーポイントに16回対称と4回対称を置き、その間に8回対称を配している。

8回対称のピース

バーバリー（アフリカ北部）の輝かしきデザイン

イスラム世界の西部にあたるマグリブ（アフリカ北西部）の職人たちは、何世紀もかけてすばらしい“形の言語”を作り上げていった。正方配列を基本とし、特にハタム（印章）と呼ばれる8回対称の星が持つ可能性を追求したのである。下図ではこの「慈悲深き神の呼吸」の星形を正八角形と正方形の半正則タイリングから展開して導いている。星形の尖端を2つおきに直線で結ぶと、新たな八芒星ができる。こうしてできた形のセットを使って、シンプルなパターンを作ることができる。

右頁では、最初の正方形の格子からシンプルな幾何学的関係が生み出され、それがさまざまな正方配列パターンになっていく例を紹介している。こうしたパターン生成の中で現れたピースの形状を、中央に集めて示した。これだけではなく他にも多様な形のピースがあり、今もモロッコの鮮やかな彩色タイルはそれらの形に切り出され、無限なほど多彩なパターンづくりに使われている。

中央に並べたピースのうち、左列の上から3つめにある2回対称の六角形（サフトと呼ぶ）は、このシステムで特に重要である。より複雑なゼッリージュというパターン（29頁）を作る上で、なくてはならない働きをするのがサフトなのである。

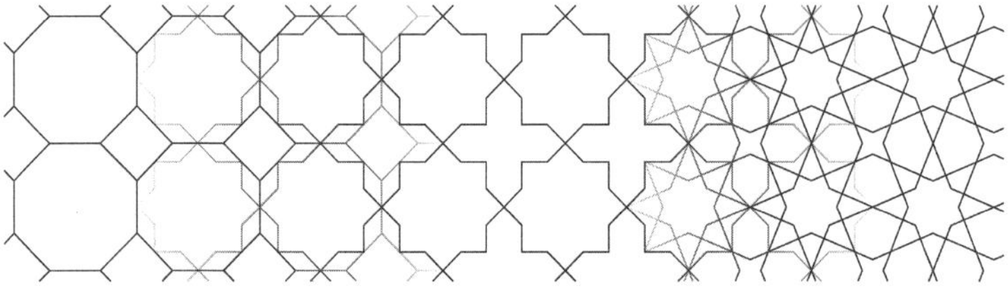

ゼッリージュ

8回対称の華麗なる意匠

マグリブのカットタイルによるモザイクは、ゼッリージュの名で知られる。中世においては、モザイクタイルの色を出せる釉薬は数色に限られていた——黒、白、濃緑色、ターコイズ、青、暖かみのあるイエローオーカーくらいだったのである。現在は他の色もたくさん使われている。

ゼッリージュでは、モジュール方式で広大な面の構成ができる。8回対称の星(ハタム)と細長い六角形(サフト)を交互に並べて骨組(右頁の黒い部分)を作り、その中を埋めていく。それぞれの枠の中でリング状に色を並べて、幾何学模様の細部などわからないくらい遠くにいてもパッと目に飛び込む鮮やかなデザインを作る。近づくと、今度は個々の部分の形がはっきりわかる。右頁を見れば、同じ形が色違いで使われているのに気付くだろう。

右頁のロゼットは花弁が24枚と16枚で、8回対称と調和するピース構成にする必要がある。そのために使われるピースは、非対称形であっても全体のコンテクストにしっくりと収まっている。おそらくは、そのピースが幾何学的必然性を持っているからであろう。

ゼッリージュは方眼紙の上で構成できる(下)。正確にカットしたタイルを並べて完成品を作る前に、およそのスケッチをするわけである。この方法は、正方形の対角線と辺の長さの正確な比($\sqrt{2}$:1)の代わりに $\frac{3}{2}$(1.5)と $\frac{7}{5}$(1.4)という分数(小数)を使っても機能する。

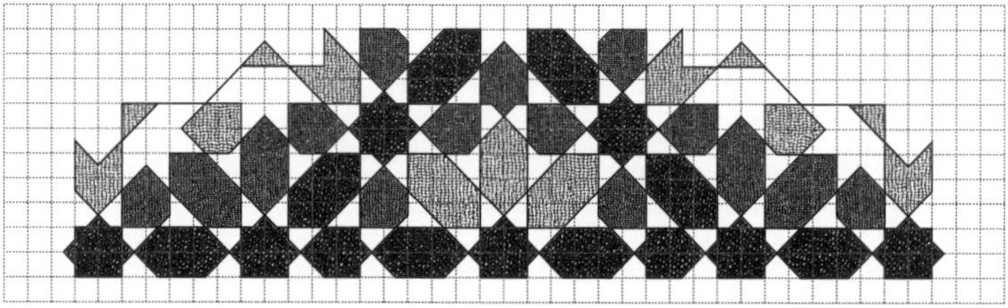

自己相似性

大きさは違っても形は同じ

自己相似性を示す物体、つまり同じ形とパターンがさまざまに異なる寸法で生成されるものを、数学者はフラクタルと呼ぶ。反復パターンは同じものが無限に連続するが、フラクタルは相似形の構造が果てしなく再現されつづける点で、永遠性を体現する。フラクタル的な概念は、イスラムのデザインの一部でも昔から使われてきた。

右頁のパネルは、セビリア(スペイン)のアルカサル宮殿にあるゼッリージュをもとにして描いたものである。白い帯が織りなす複雑な編み目の中に、青、緑、黄土色、黒でおなじみのゼッリージュの形が作られている。驚くべきことに、これらの模様が集まって、同じ構造でもっと大きなパターン(黒い輪郭線で描かれた形)ができている。それだけでなく、ここにはさらに小さい第三のレベルの自己相似性も隠されている。交差する白い帯で囲まれたスペースの寸法比率は、小さなゼッリージュが正確にそこに収まるようになっているのである(右頁下)。このパターンの設計者は、無限に続く下位区分の可能性を明確に意識していたように思われる。

こうした自己相似性を持つデザインの例は、8回対称のゼッリージュに限らない。10回対称の幾何学図形(34～37頁)もこのタイプの構成にうまく適合する。アラベスク模様にも自己相似性が見られることがある。葉の形の中に一回り小さい葉と蔓のパターンがはめ込まれている場合などである(下)。

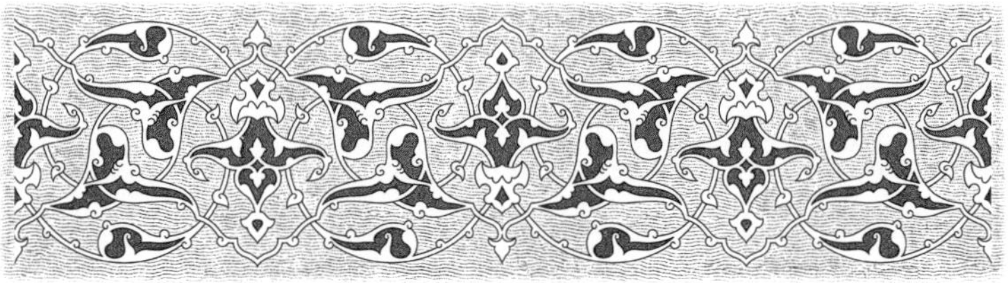

弧を含むパターン

直線と曲線のバランス

イスラムのパターンでは円がつねに構造の陰の部分に隠れているかというと、そうでもない。イスラム美術の初期から、完成状態で弧と直線の組み合わせが見える幾何学デザインが美術様式のひとつとして存在した。このタイプのデザインは、比較的曲線を表現しやすい素材（書物の彩飾美術、金属工芸、石彫など）に使われているのが普通である。弧を使ったパターンは直線だけよりもずっと柔らかい印象を与え、時にはパターンの中に含まれるアラベスク模様と融合しているようにも感じられる。

下図は、ダマスカスのウマイヤド・モスク（715年）の石彫の窓格子から取ったパターンである。直線の細い帯で正六角形と正三角形による半正則タイリングが構成され、そこに、三角形の頂点を中心として辺の長さの3分の2を半径とする円が組み合わさっている。

右頁のデザインはキース・クリッチロウ教授が集めたパターンのひとつに基づいている。空間を埋めているアラベスク・モチーフはマムルーク朝時代のクルアーン装飾に使われた様式である。この2つのパターンは、サブグリッドが初期にはしばしば明示的にパターンの中に現れていたことを示す格好の例である。サブグリッドは後の時代になるとほとんど隠れてしまう。

10回対称のタイリング

10回対称図形ファミリー(その1)

正三角形、正方形、正六角形とは違って、正五角形はそれだけで平面を隙間なく埋めることができない。イスラム世界で幾何学パターンの美術が発達するにつれ、職人たちは必然的にこの五角形の難題に取り組みはじめ、ついに5回対称と10回対称を使った巧妙なデザインを編み出した。

下の図は正十角形が反復するサブグリッドからスタートしている。正十角形は互いに辺を接するように並べられ、隙間に蝶ネクタイ形の六角形ができている。十角形の各辺の中点を結ぶと中に星形ができ、十角形の頂点には、その角を囲むように正五角形ができる。十角形の間にある蝶ネクタイ形の隙間まで星の線を延長すれば、パターンは完成する。このパターンはペルシャ語ではウンム・アル・ギリーと呼ばれ、文字通りの意味は「パターン(結び目)の母」である。このパターンを構成するピースの形は、このファミリー全体(54頁)の中では第一世代にあたる。

右頁のパターン構成は、イランで使われたある方式に基づいている。放射状の線(破線)同士の間の角度は18度で、この線と別の線(実線)が交差する点を利用して、複数の円が描かれる。円が放射状の線と交わる点によって複雑な網の目が作られ、その中から最終的なパターンで頂点になる部分が生み出される。右頁の図のアラベスクモチーフは、マムルーク朝時代のクルアーン装飾に使われた様式である。

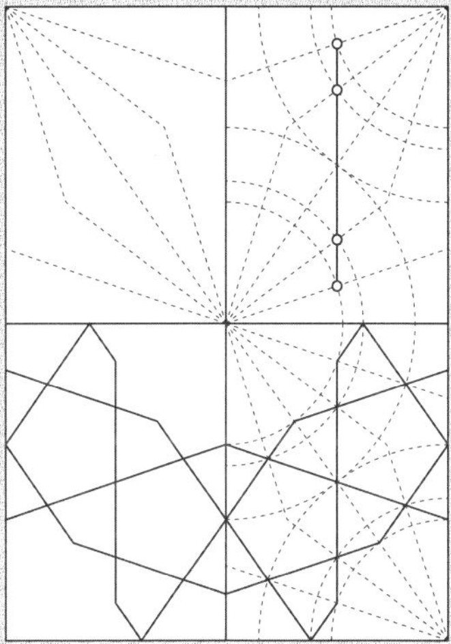

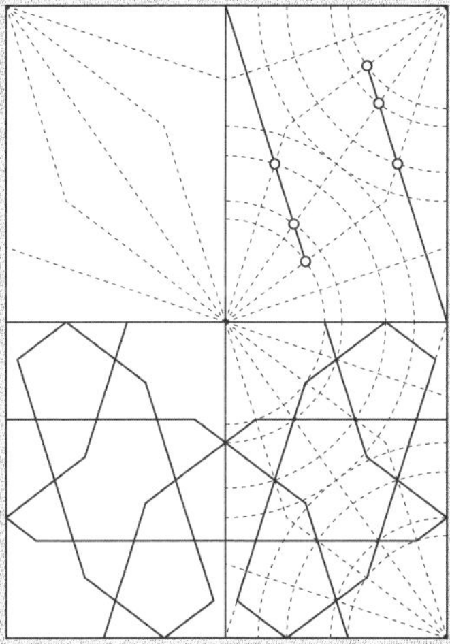

ペンタグラマトン(神の五文字名)

10回対称図形ファミリー(その2)

ウンム·アル·ギリーの正五角形をすべて(10個の尖端を持つ大きな星形に重なっている2つの五角形も含めて)五芒星に置き換える。すると、もうひとつ別の10回対称図形セットの基本パターンができる。ウンム·アル·ギリーと同様に、このパターンを構成する各要素は、ファミリー全体に含まれるさまざまな形(右頁はその例の一部)の第一世代になる。

10回対称セットの2つのファミリーは、どちらを使っても、数え切れないほど多様なパターンを作ることができる。たとえば、イスタンブールにあるオスマン帝国時代の大きなモスクの木製よろい戸にはさまざまな10回対称デザインが見られ、一部の建物では同じものが2つとないと思われるほどである。右頁の2枚の絵はソクッル·メフメット·パシャ·モスクのデザインである。キャプションでは、ひとつのパターンを構成するピースの数に隠されたシンボリズムについても解説した。

5回対称と10回対称の幾何学図形はエレガントな黄金分割を体現している。黄金分割は、ある線分を2つに分けるとき、短い部分と長い部分の比が、長い部分と全体の比に等しくなる分け方である(比率はおよそ1.618)。下のパターンでは、直線上の角や交点の間の距離が、その次に長い部分(または短い部分)に対して黄金比になっている。

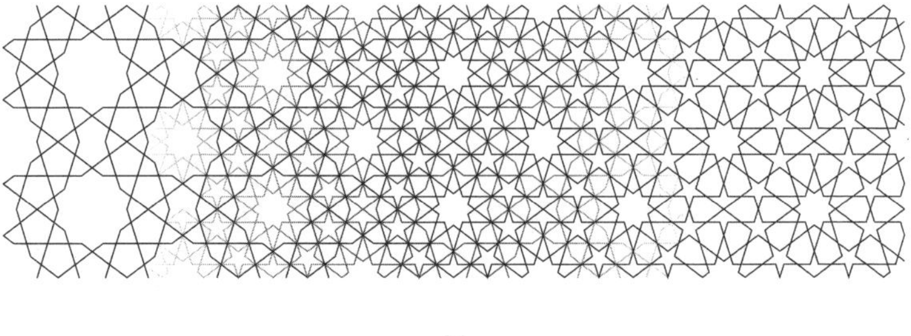

すべてのアラビア文字には、それぞれ数値が充てられている。「アブジャド数字」と呼ばれるこのシステムはもともと、インド起源の10進法が入ってくる前に記数法として使われた。現在では象徴的な数値として利用されている。上図のうち右のパターンは165個のピースからなっているが、165は、イスラムの神概念の真髄である「ラー・イラーハ・イラーッラー（アッラーの他に神はなし）」という言葉の文字が持つ数値の合計である。本書の口絵も同様で、"アッラーの99の美名"と同じ99個のピースで構成されている。

小数コネクション

2つのファミリーの間

34〜37頁で紹介した基本的な10回対称パターンは、正十角形、正五角形、そして正五角形にはさまれた六角形で構成されるサブグリッドからも作り出すことができる(下図左)。このサブグリッドに五角形と五芒星を置くと、34頁と36頁にある2つのパターンができる(下図右)。

2つのパターンをこのように置いて眺めると、サブグリッドの辺の中点を通る線によって作られる角度をさまざまに変えられる可能性があることに気付く。34頁のウンム・アル・ギリーでは108度であるが、36頁の10回対称パターンでは36度になる。90度にすれば美しい花模様ができ(右頁左上)、72度だと10回対称の2つのファミリー両方を組み合わせたパターンが生まれ、両者を見事に統合できることを物語る例となる(同·右上)。そして54度では特に優美な花弁形ができるとともに、90度の時の星形と同形でサイズが小さい星が中央に現れる(同·左下)。

右頁の最後の例は、下図右のバリエーション(破線)を使い、ロゼット部分を37頁のパターンに置き換えた。10回対称という“形の言語”の中でのパターンの相互作用がいかに美しい調和を生み出すかがよくわかる。

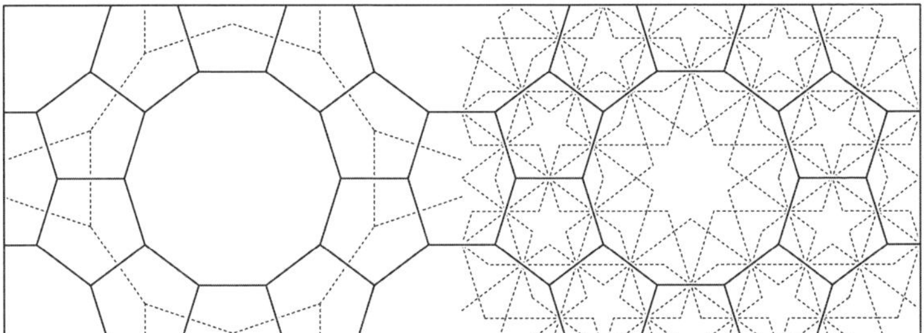

完璧なる14

預言者の数

ここで紹介するのは14回対称ロゼットをもとにしたパターンである。37頁の図版で10枚の花弁が中央の10回対称の星形に収まっていたのと同じように、ここでも14枚の花弁が中央の星の中に並んでいる。しかし、7個あるいは14個の尖端を持つ正確な星形の場合、そこに現れる比率は尖端が5個や10個の星形で見られる黄金比よりも複雑であり、結果として、組み合わせようとしても互いにうまくシンクロしないことが多くなる。そのため14回対称ファミリーのパターンは他のパターンよりずっとデザインが難しく、実際に作られた例も少ない。基本パターンは下図のようになる。右頁はより複雑なパターンで、カイロにあるマムルーク朝のスルタン·カイトベイ(1496年没)の霊廟の木工細工パネルから写し取ったものである。

ヒジュラ暦(イスラム暦)では新月の後で最初に細い月が見えた夜から新しい暦月が始まり、その月の14日目が満月、つまり月が太陽の光を最もたくさん地球へ反射する日となる(満月は13日目あるいは15日目に見られることもある)。それゆえ、被造物の中にあって"聖なる光"たる神を映す鏡であるとされている預言者ムハンマドは満月と結びつき、14という数とも関連づけられている。

ちょっと変わった星形

奇数を使うデザイン

10回対称パターンにおける5、14回対称での7、あるいは3の倍数などいくつかの例外はあるが、一般に奇数(なかでも特に素数)はトリッキーで、パターンを作りにくい。

奇数でのパターン構成によく使われるテクニックのひとつは、正方形や長方形の辺の部分に、奇数の角を持つ形がちょうど半分に分割されるようにして置くことである。この分割法なら、正方形あるいは長方形の4辺すべてで鏡映させることができる。この方法のシンプルな例が下図である。7つの尖端を持つ星が踊るエレガントなパターンができあがる。

右頁は、より複雑で繊細なデザインの例である。ジェイ·ボナーが考案したパターンに基づいた作品で、ペルシャのカットタイルモザイクの様式を使って尖端が9個と11個の星を組み合わせている。このパターンのサブグリッドは正十一角形と正九角形からなっている(右頁下段左)。これは、四角い部分の鏡映パターンとして捉えることもできるし(右頁下段中央の、破線で区切られた四角)、6個の正十一角形の中心を結んでできる横長の六角形(同じ図の網掛け部分)の反復と捉えてもよい。6個の正九角形の中心を結んでも同様の細長い六角形反復ユニットができる。360度(1回転)の9分の2にあたる80度と、360度の11分の3の近似値である98.2度を足すと、180度に極めて近くなる。そのため、正九角形2個と正十一角形2個をひし形に配置することが可能である(右頁下段右)。ただ、9回対称と11回対称のシンメトリーは、ぴったりフィットさせるために目で見ただけではほとんどわからないほど微妙にねじりを加えて配置される。

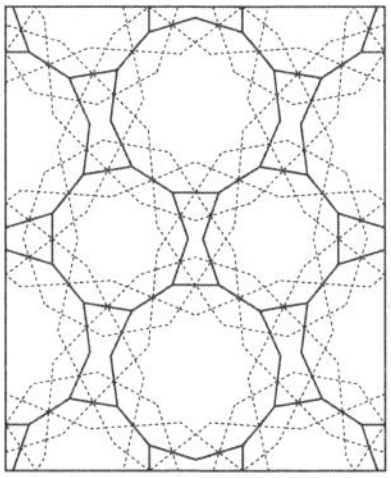

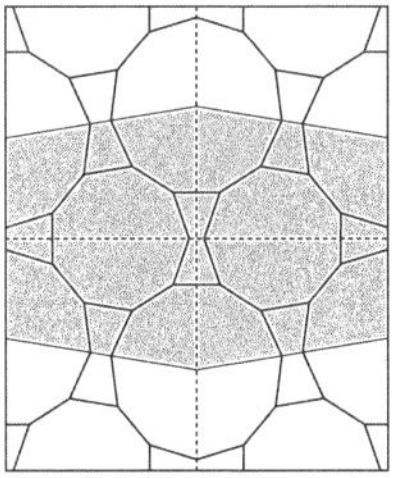

図形をきちんとフィットさせるには

一体性を持たせるためのねじり

43頁の例で紹介したねじりの技法は、奇数の図形だけに使われるとは限らない。異なる数をひとつの図案にいくつも入れて可能な限り正確で美しい作品にすることを目指した、驚くべきパターンがいくつも存在する。右頁にその例を2つ紹介し、サブグリッドも示した。下の図は右頁の例ほど複雑ではないパターンで、12回対称、8回対称、近似的5回対称が組み合わさっている。

これらのパターンは多くの数を調和的な統一に導こうという熱意に満ちている。"調和のとれた結合"は、単に視覚的な比喩にとどまらない。42〜43頁で見た9回対称と11回対称の星の場合と同様、こうしたパターンの構造は、「ある複数の分数の和が、別の複数の分数の和と、完全に同じではないが極めて近い値になる」という事実に基づいている。これに似ているものとして、音楽で和声を学ぶ学生が最初にぶつかる課題がある。純粋な倍音の波長の分数倍($\frac{1}{2}$、$\frac{1}{3}$、$\frac{1}{4}$、$\frac{1}{5}$などなど)の倍数と累乗の間にある小さな違いをどうするか、というのがその問題である。たとえば、純粋な全音6個にあたる$(\frac{8}{9})^6$(ほぼ0.493)は、1オクターブ($\frac{1}{2}$)にわずかに足りない。

下の図では、星形同士の間で橋渡し役をする西洋凧形(ひし形の半分を長く伸ばしたような形)と、それらが重なる部分にできる小さな四辺形が見られる。これらの形は、複数の数を組み合わせるパターンでも、キーとなる単一のシンメトリーを使う場合でも、ともによく出現する工夫である。

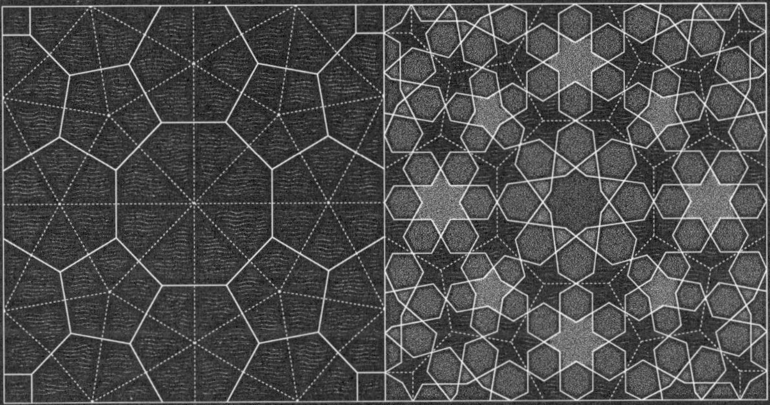

正八角形と正六角形でできた枠組みの中に、ほんの少しゆがんだ五角形と七角形がはめこまれ、端には小さな正方形ができる。こうして4、5、6、7、8が組み合わさったひとつのパターンが生まれる。この構造で重要な役割を果たす分数の近似値は、1/5+1/6+1/8=1/2（五角形、六角形、八角形の中心を結ぶ三角形）と、1/5+1/6+1/7=1/2（五角形、六角形、七角形の中心を結ぶ三角形）である。

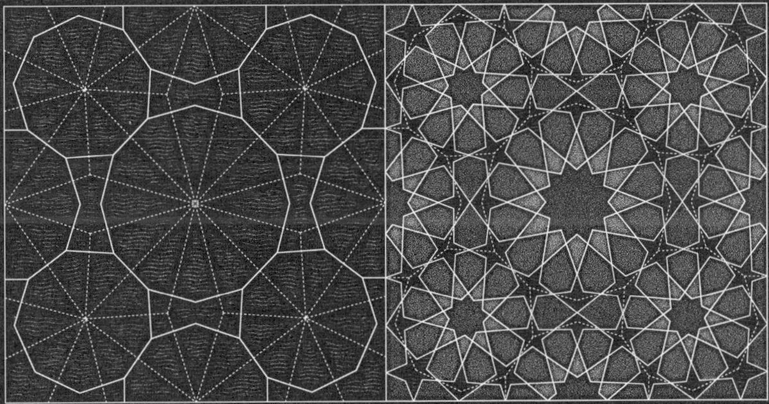

正十二角形と正十角形に、ほぼ正九角形に近い形を組み合わせて、9、10、12を使ったロゼットが作られている。この構造において重要な分数の近似値は、2/9+3/20+3/24=1/2である。

ドームの幾何学

三次元のデザイン

イスラム建築といえばドームが有名である。ドームを作った建築家の多くは、優美な形のドームを完成させて建築技術の高さを示すことで満足し、ドームの装飾まではしなかった。しかし時折、幾何学パターンで飾ったドームも作られた。有名なのはマムルーク朝時代のエジプトとサファヴィー朝時代のペルシャのモニュメントで、右頁の図版はカイロにあるスルタン・カイトベイの霊廟のドームである。

ドームを幾何学模様で装飾するための基本的な方法は、オレンジの房のようにドームを切り分けたと考えて、舟形の部分を反復させることである。舟形の中に星を置き、隣接部分とのつなぎになる模様を配して、上に行くほど狭くなる形に収まるように調整する（右頁左上）。頂上部分には花弁形と西洋凧形が使われることが多く、上から見るとロゼットになる（右頁右上）。

平面の正則分割または半正則タイリングの球体バージョンが、プラトンの立体（正多面体）とアルキメデスの立体（半正多面体）をもとにした球面分割である。しかしイスラムの職人がこうした球面タイリングを使った証拠は知られていない。イスラムのデザインでは球体の可能性はあまり探求されなかったようである。下の図は立方体と正八面体を組み合わせた形から発展させた球面パターンで、クレイグ・カプランの作品に基づいて作成した。

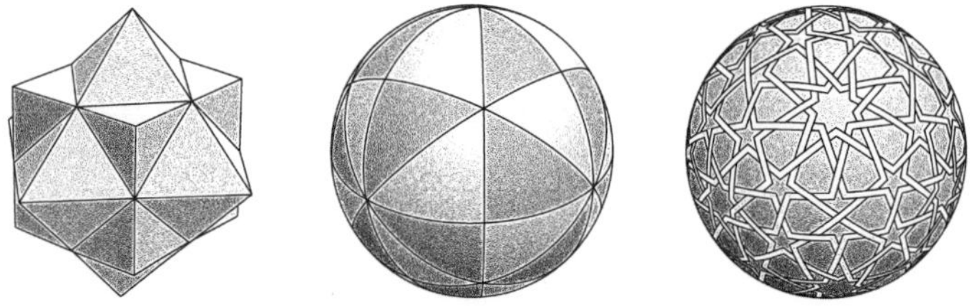

ムカルナス

天から流れ落ちる美しい滝

四角い建物の上に丸いドームを載せるには、その間をつなぐ工夫が必要になる。イスラム建築ではそのために、ムカルナスと呼ばれる独特な方法が考案された。ムカルナスは、水平の層を平面と曲面で支えながら積み重ねる技法である。上が狭く下が広がった面の連なりは天からの降下を表現し、霊的な光が天界からシャワーのように降りそそいで地上で結晶化するという概念を反映している。この技法は、壁龕の上部や、モスク内の正面の壁にあってメッカの方角を示すミフラーブという窪みにも使われている。

ムカルナスが果たす役割は、構造上の必要から装飾まで幅広い。エジプト、シリア、トルコなどで石を曲面状に彫った部材を組み合わせて天井の重量を支えているのは、構造材としての働きである。一方、イランのレンガ建造物の中にしつらえられたタイル貼りの構造や、マグリブの木工·石膏技術で作られたものは純粋な装飾目的といえる。

ムカルナスのデザインは地域や時代によっていろいろである。マグリブでは8回対称幾何学を基本としたモジュール式技法が高度に発達した（下図）。同じイスラム世界でも、東部では中心軸のまわりに集まっていくように層を重ねるムカルナスが採用され、なかには層ごとに異なる形の星形を使ったり、曲線状の柱間から鍾乳石のように足を垂らした例（右頁）や、各層の間で三角形のプリズムに似た形を強調したものもある。

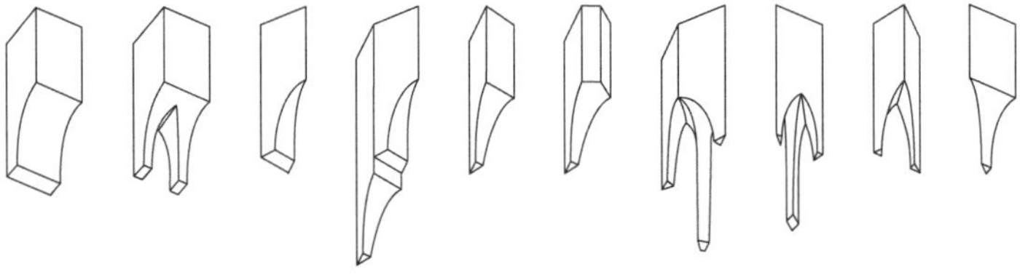

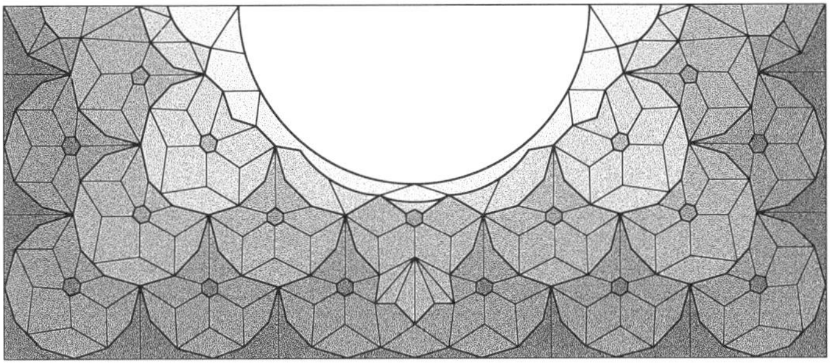

むすび

さらなる可能性

伝統的なイスラムの装飾は、際立って機能的である――ただし、ここで機能的というのは単に実用的という意味ではない。イスラムのデザインは、文明化とひきかえに失われた霊的な感覚を、無垢の自然が持つ原初的な美しさを再構築することで補完し、俗世にどっぷり浸かった人間を真剣な熟考へいざなおうとする。イスラムのデザインは、一種の“目に見える音楽”だと言ってもよい。モチーフの反復とリズムが内なるバランス感覚を目覚めさせ、神への祈りや神についての思弁を視覚的に展開する役目を果たすのである。

多くのイスラム幾何学パターンが一見すると単純で明らかな必然性を持っているため、ともすればそのパターンを見つけるまでにどれだけの苦労があったかは忘れられがちである。無名の職人たちはそうしたパターンについて、「もとから存在する可能性であり、それにふさわしい者に神が示し与え給う」と考えていたに違いない。少なからぬ職人たちが「点(ヌクタ)」と「幾何学者(ムハンディス)」という単語のアブジャドの数が同じであることを意識し、自分たちの作るものを通じてこの超越的な関係が輝かしく現れるようにと願ったことだろう。

右頁のデザインは、ポール・マーチャントが作った主題を用いたバリエーションのひとつに基き、2つの10回対称ファミリーを組み合わせて作られている。本書の最後にこれを載せることで、イスラムの幾何学パターンにはまだまだ大きな可能性が秘められており、だれでも探求できるのだということを理解していただけたらと思う。

1種類または2種類のピースからなるパターン

ここで紹介するパターンは、1種類または2種類の形だけを使い、正方配列または三角配列で作られている。どれも、方眼紙を利用したり1枚か2枚の型紙を使うなどすれば比較的簡単に描くことができるので、学校の授業の教材にも向いている。直線だけのパターンのなかには、基本図形の頂点が方眼の交点ではなく線の中央にくる例がいくつかある。2例ある曲線パターンは、方眼の交点を中心とし、別の交点を通るようにして、コンパスで描かれている。色分けはこの例と違ってもかまわない。

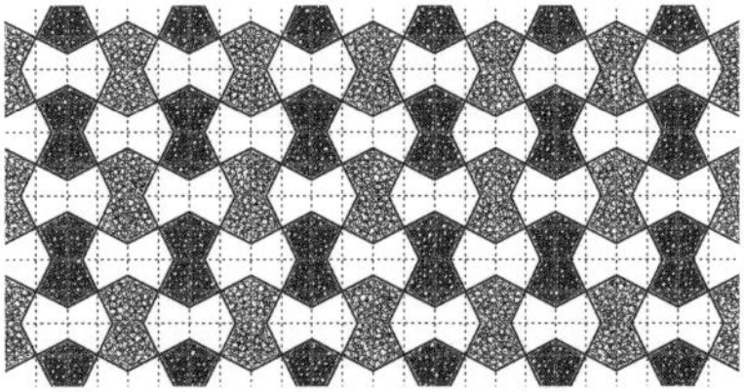

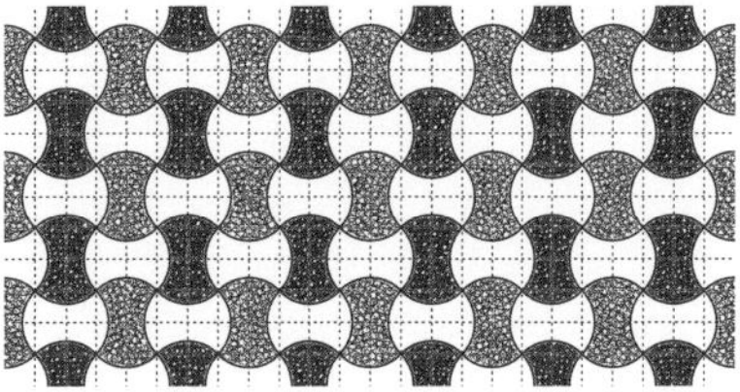

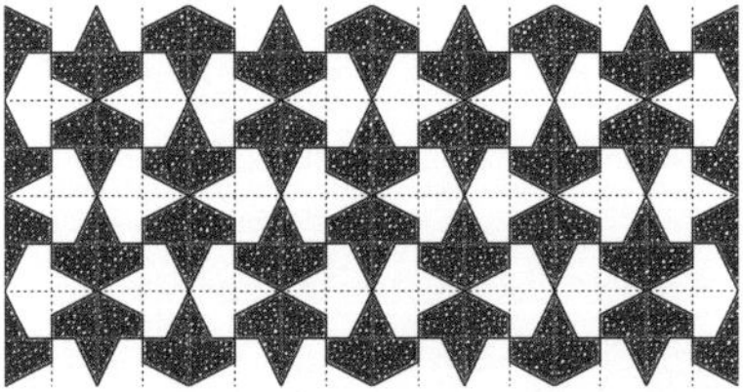

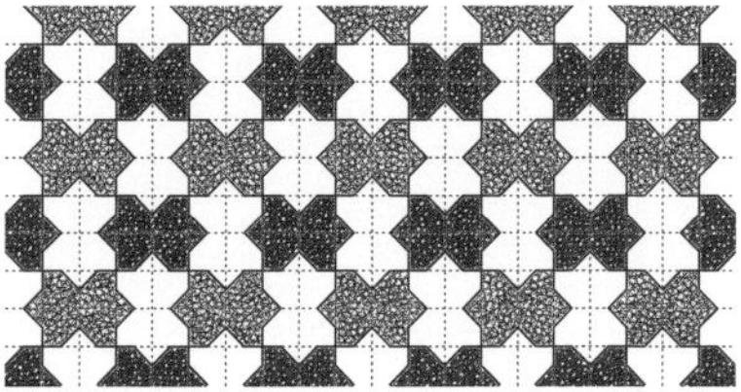

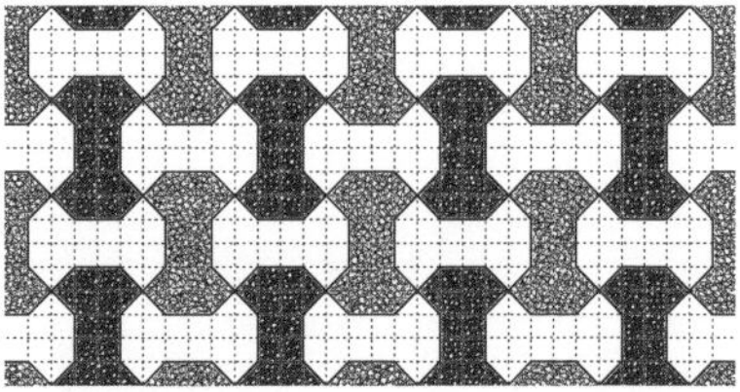

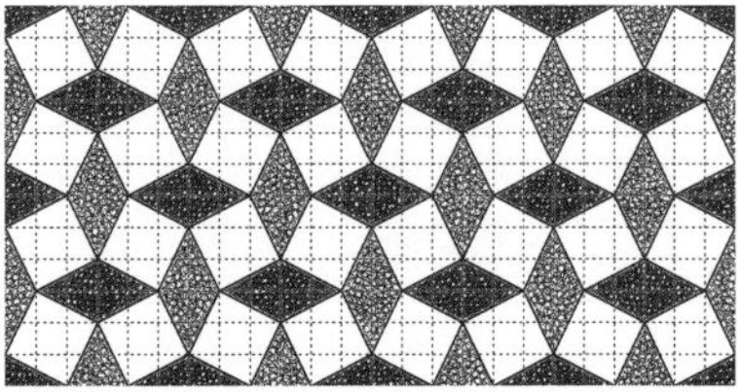

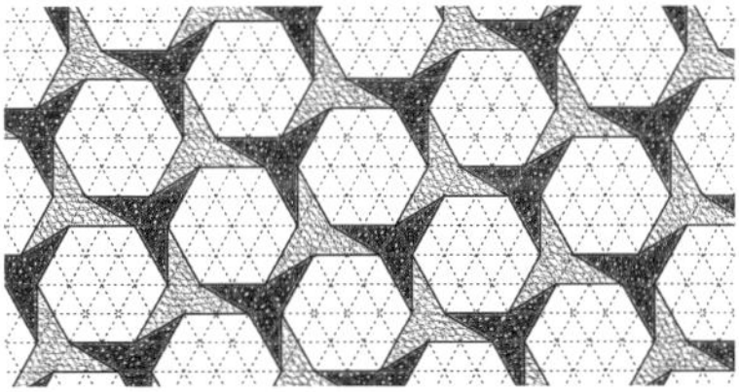
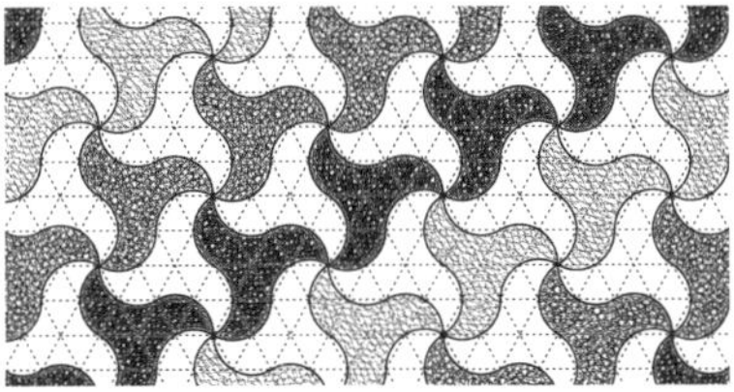

無限パズルセット

ウンム・アル・ギリーを出発点にすると、非常に多彩なパターンを作ることができる。これらのパターンを探求するには、パズル用ピースのセットを作るとよい。まず、この下の図に従って正十角形を作る。最初の円の半径は2インチ(約5cm)くらいが適切である。次に、この正十角形を利用して、2段目に示した5種類のピースの形を描く(星形、正五角形、2個の正五角形が一部重なってつながったもの、壺に似た形、西洋梨形)。硬いしっかりした紙または薄いプラスチック板で、それぞれの図形の型紙を作る。型紙を色紙に当てて、同じ形のパズルピースを必要な数だけ切り出す。パズルセットでどんな図形が作れるかは、ピースの数に左右される。特に、色彩設計をする場合や、非周期的パターンあるいはフラクタルな反復構造を作ろうとする場合には、ピースの数が重要である。

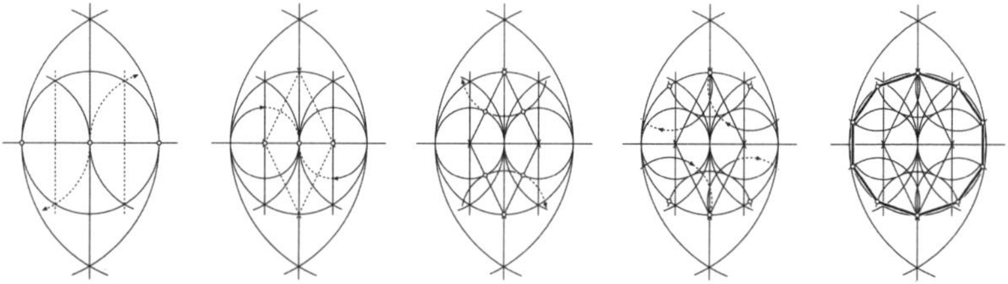

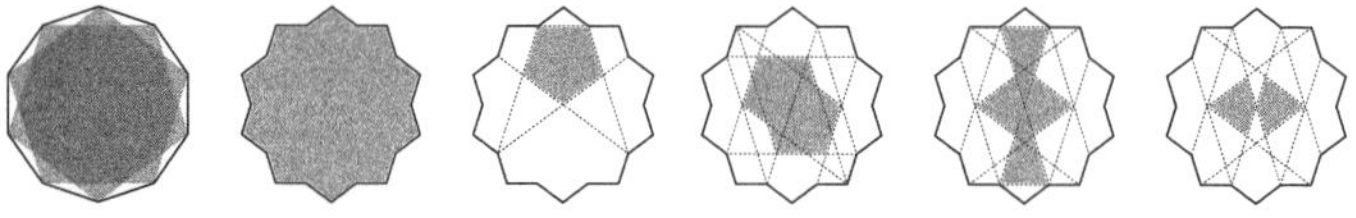

下図のパターンおよび35頁の例を完成させるには、一番下に書いた数だけピースを揃える必要がある。四角い枠に端がきちんと収まるようにするため、半分や4分の1に切ったピースも作る。右頁はインドのアーグラにあるイティマード・アッダウラ廟を飾るパターンだが、これを作るのにどのピースがいくつ必要か数えたり実際に作ったりするのは、熱心な読者にお任せしよう(1クラスの生徒が全員で協力してやってみるのもよいだろう)。

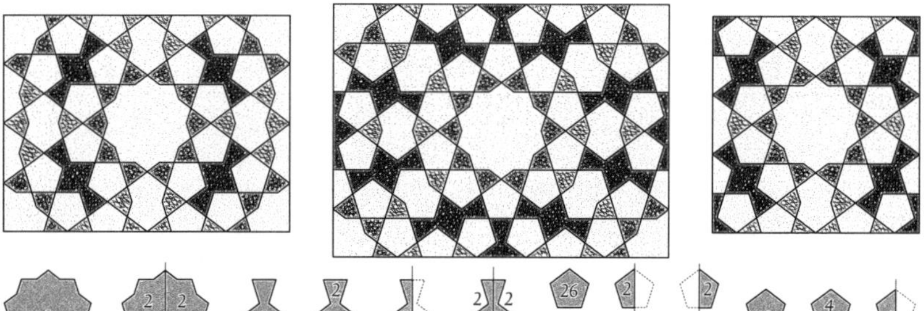

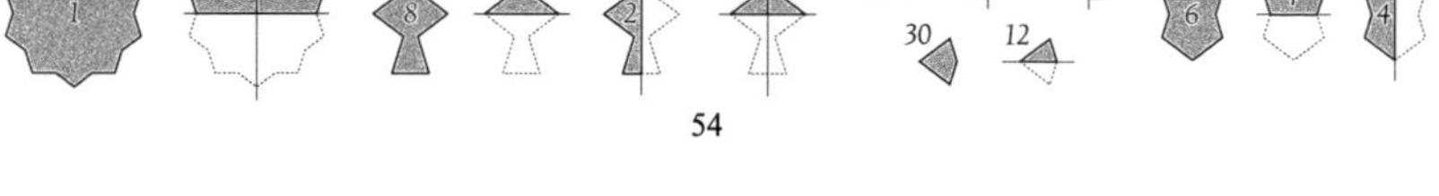

サブグリッド

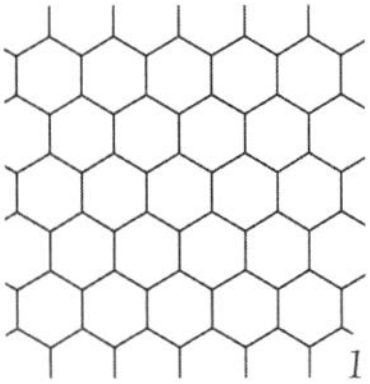
1
3、4、5頁

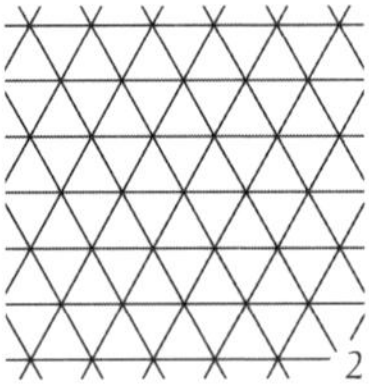
2
*1*に同じ

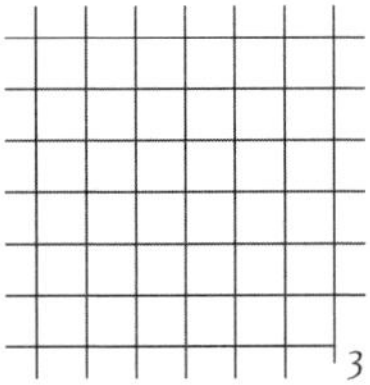
3
9、25(中段左)、26頁

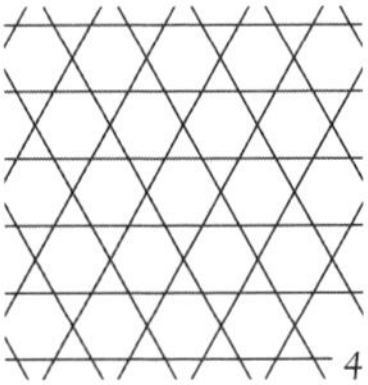
4
32、33頁

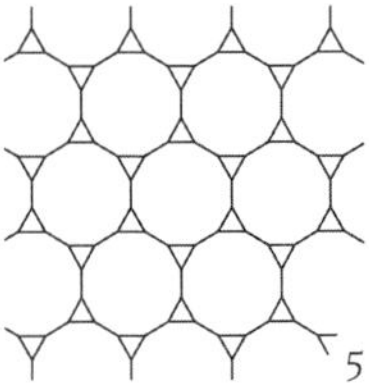
5
16、19(上段)、21(上段右)、23頁(上段中央と右)

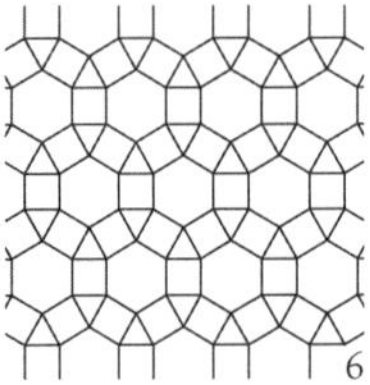
6
7、19頁(3段目)

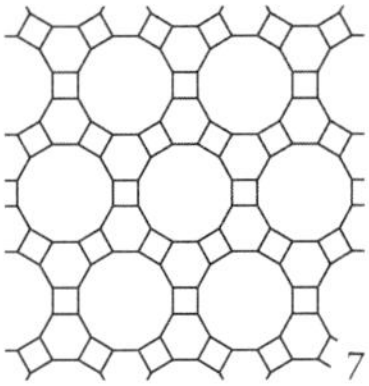
7
17、23頁(下段左)

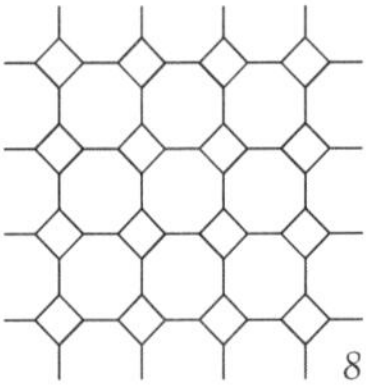
8
9(*3*の別形)、10、11(上段)、25(上段右と下段右)、26頁

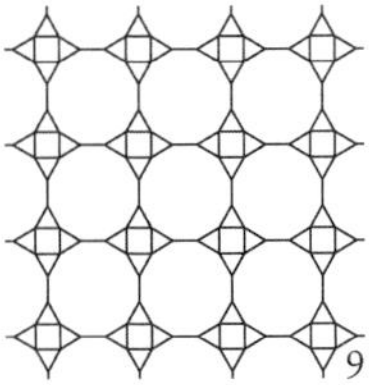
9
19(2段目と4段目)、21頁(上段左)

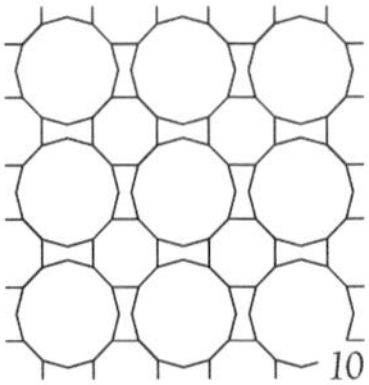
10
25(下段左)、44頁

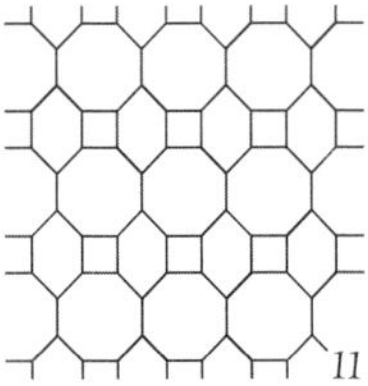
11
11頁(中段左)

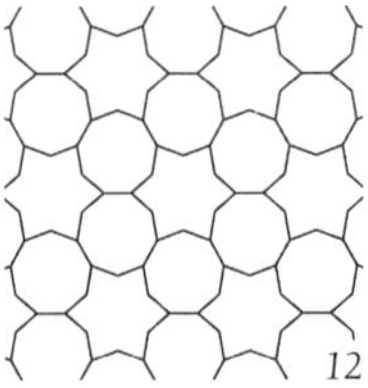
12
23頁(下段中央)

本書のパターンのほとんどは、比較的シンプルな多角形のサブグリッドをベースとして作られている。使われているサブグリッドと、それが登場する頁をここにまとめた。

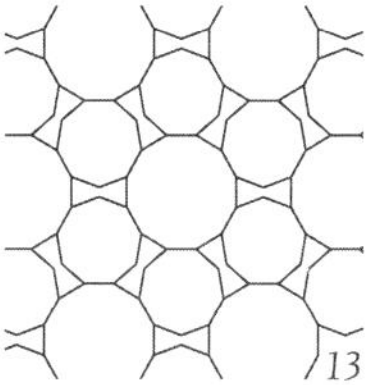

表紙

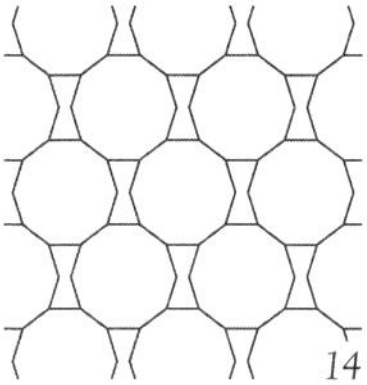

15(右下)、34、35（上）、36、38、39頁（全パターン）

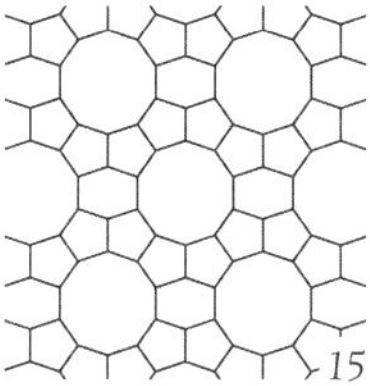

15(右下)、34、35（上)、36、38、39頁(全パターン、*14*の別形)。

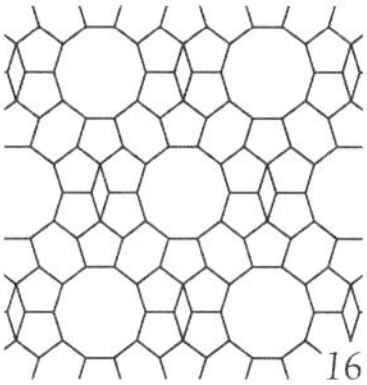

35頁(下)

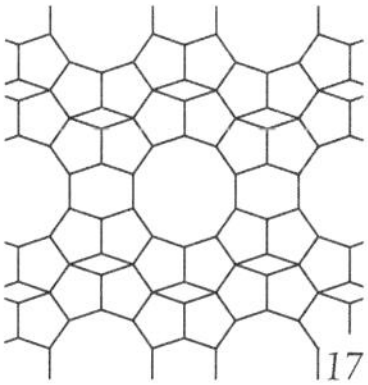

扉頁

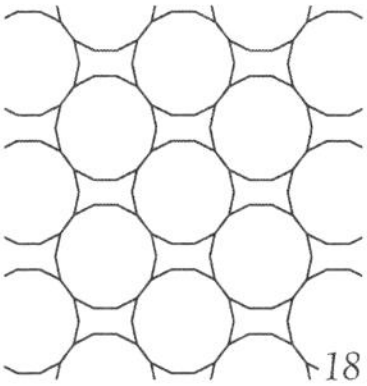

40頁(左)

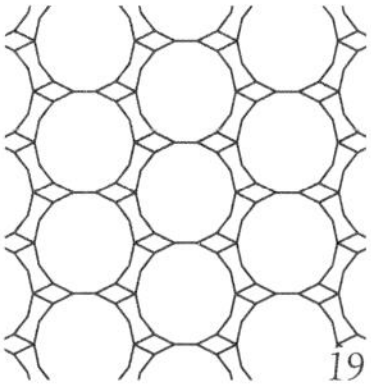

40頁(右)

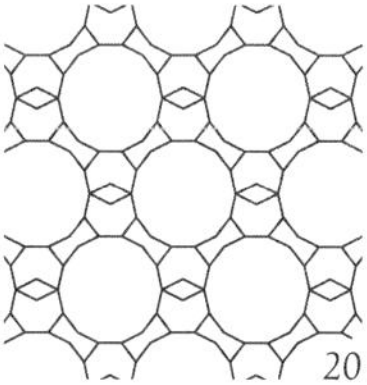

41頁

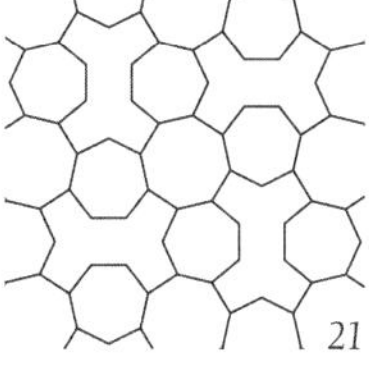

42頁

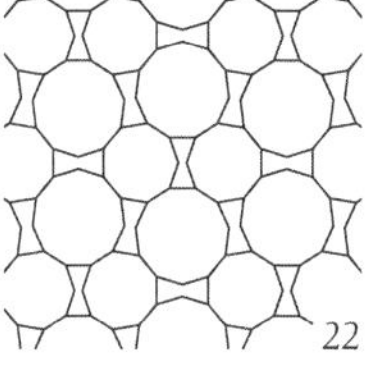

43頁

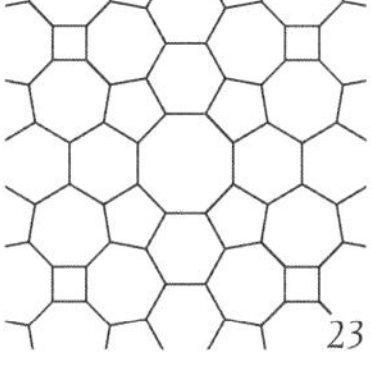

45頁(上)

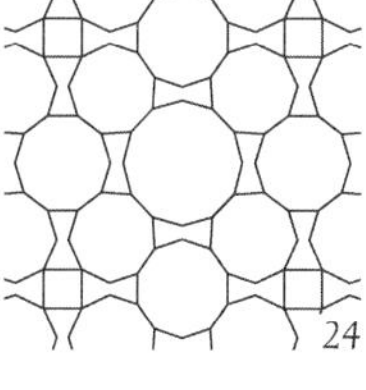

45頁(下)

スクエア・クーフィー体

初期のクーフィー体から派生した装飾文字書体の中でも、真四角な枠の中にきっちりと文字を収めるスクエア･クーフィー体は最も明白に幾何学的である。文字が記されていると、そこには音価が内包され、意味のある単語、文章、新しい情報、そして何よりも一定の意味が読み手に対して示される。しかしスクエア･クーフィー体では、そうした機能は奇妙に侵食されている。純粋に審美的な理由から文字をねじったり回転させたり単純化したり変形させたりしているため、アラビア文字が読める人でも判読が難しいのである。最も読み取りやすいのは、有名な語句や文章が書かれている場合である。それゆえ、スクエア･クーフィー体は、新しい情報を伝えたり正確なテキストを後代に残したりするためよりも、よく知られた聖句や金言を記して「護符」のような効果をもたらすための用例が主である。シンプルな句や文はよく回転反復配置され（下図の上段）、比較的長い文章だと、しばしば外周から内側へと渦巻のように配置される（同･中段）。その場合、文の始まりは右下の角であることが多い（同･下段）。

神を賛美せよ

ムハンマド

アリー

アッラー=ムハンマド=アリー

「純正章」（クルアーン第112章）

「開端章」（クルアーン第1章）

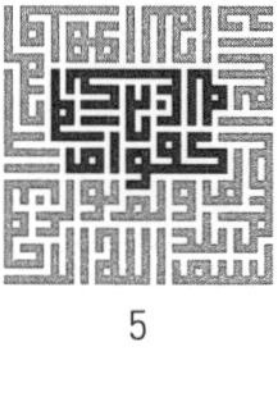
5

4

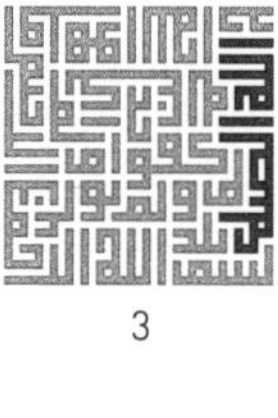
3

2

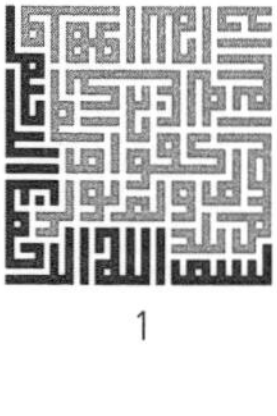
1

帯編みの縁飾り

イスラムの書物装丁美術では、金箔貼りの帯が交差しあった模様がしばしば目につく。こうした帯模様は本の口絵頁の幾何学図形や各章タイトルを囲む枠として随所に使われ、時にはテキストの記されたすべての頁を飾ることもある（特に彩飾されたクルアーンによく見られる）。広く用いられるテクニックのひとつとして、単純な点（赤と青のことが多い）を並べた格子を利用して帯模様を構築する方法がある。下の例は、創意工夫に溢れた帯装飾のほんの入口であり、ささやかな参考資料である。

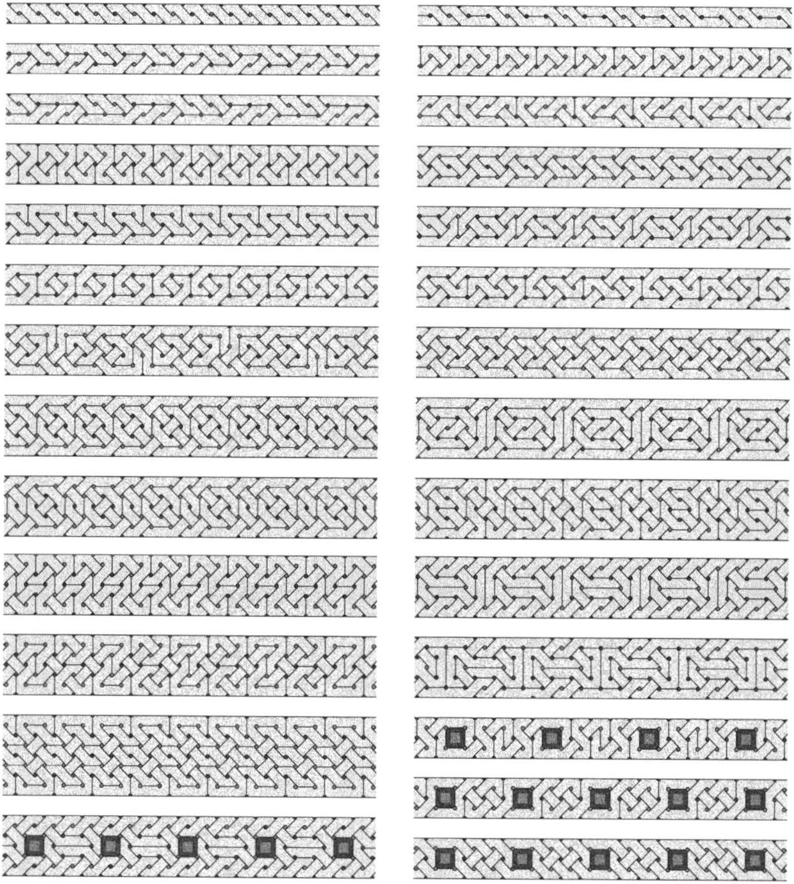

著者 ● ダウド・サットン

シソーラス・イスラミック・ファウンデーションのデザインスタジオであるエディティオ・エレクトルムで所長を務める。

訳者 ● 武井摩利（たけいまり）

翻訳家。訳書にM・D・コウ『マヤ文字解読』、T・グレイ『世界で一番美しい元素図鑑』（いずれも創元社）など。

イスラム芸術《げいじゅつ》の幾何学《きかがく》　天上《てんじょう》の図形《ずけい》を描《えが》く

2011年5月10日第1版第1刷発行
2025年2月20日第1版第14刷発行

著　者　ダウド・サットン
訳　者　武井摩利
発行者　矢部敬一

発行所　株式会社　創元社
https://www.sogensha.co.jp/

本　社　〒541-0047 大阪市中央区淡路町4-3-6
Tel.06-6231-9010 Fax.06-6233-3111
東京支店
〒101-0051 東京都千代田区神田神保町1-2 田辺ビル
Tel.03-6811-0662

印刷所　TOPPANクロレ株式会社
装　丁　WOODEN BOOKS／相馬光（スタジオピカレスク）

ISBN978-4-422-21483-2 C0370